JN241496

まだまだあるぞ！

保育現場の「なぞのルール」

根拠のない習慣やルールを見直せば、保育はもっとよくなる

石井章仁 著

中央法規

## はじめに

　第一弾となる『見直そう！ 保育現場の「なぞルール」──「あたりまえ」から抜け出せば、子どもはもっとのびのび育つ』を出版後、「なぞルール」を盛り込んだ研修を各地で続けてきました。多くの保育者と話し、多くの現場を目にする中で、改めて保育現場での「なぞルール」の多さに気づかされました。

　「なぞルール」が生まれる背景には、慣習や伝統のほか、情報不足や誤解があると考えられます。男女の性差による固定的な意識（ジェンダーバイアス）の問題も根強く、現場によっては、権威を維持するために伝統を変えたがらないリーダーがいることもあります。

　「なぞルール」は、どんな園にも存在します。「うちには、『なぞルール』がない」という固定的な意識こそ留意すべきです。
　「なぞルール」には、おおむね２つのタイプがあります。
　一つは、情報を受け取りにいかず、学ばない園。手つかずの野生のような園です。これを"原生林型"とします。
　もう一つは、慣習や伝統に自信をもちすぎている園。それまでのやり方に固執し、独自の発展を遂げています。これを"ガラパコス型"とします。
　どちらの園も、目の前の子どもに合わせて自己改善せず、自浄作用が少ないことが共通しています。
　根拠がない「なぞルール」をそのまま放置していては、

時代から取り残されてしまいます。よりよい保育を行うためにも、自分の園の保育を見直す必要があります。

　まずは、「なぞルール」さがしから始めましょう。

　「なぞルール」さがしは、園の課題やマイナス面だけをさがすことではありません。園で暗黙の了解になっているようなルールについて、フラットな視点で「なぜ、このルールがあるのか」「どうして、このルールができたのか」と考えてみることから始める、根拠さがしの取り組みです。

　また、園内研修に伺うと、しばしば園のよさに気づけていないケースを目にします。「なぞルール」だと思って検証してみたら、実はそれが園の強み＝「にこルール」だったということもあります。

　園全体で「にこルール」もぜひさがしてください。

　大切なことは、園のリーダーが自園のよさと課題に目を向けること、外部の人や園に入って間もない人たちの声を聞くこと、風通しのよい組織をつくり、対話ができる"同僚性"をもつことです。

　「なぞルール」や「にこルール」をさがすことは、単なる「強みや弱みの発見」に終わらず、強みや弱みである根拠を示す行為です。そして、園の保育の核心に触れることこそ、本書が求める「にこルール」なのです。

石井章仁

# 第１章
# 見つけよう！「なぞルール」
## 「なぞルール」研修のススメ

# 第2章
# 保育現場の「なぞルール」

## Part 3  保育者の専門性

本書では、園の強みとなる習慣やルールについて、つい"にこっとなる"という意味を込めて、「にこルール」としました。

# 第1章

# 見つけよう！「なぞルール

「なぞルール」研修のススメ

うちの園、「なぞルール」はないので

では、自分の園の「なぞルール」をあげてみましょう

なぞルールはないと思います

はいっ

運動会では大玉転がしをやるのよ

昔から決まっているの!!

生活発表会の劇は3匹のこぶたね!

これこそなぞルールだよね……

もや

もや

# 自分のことは、棚に上げて……

なかったことにしましょう

# 「なぞルール」あるある!

　３つの漫画は、園内研修や「なぞルール」さがしが、改善に結びついていない事例です。

　園内研修については、

- ●研修の時間がつくれない
- ●園の保育の課題をみんなで出し合おうとしても、意見があがらない
- ●発言しづらい雰囲気がある
- ●保育の話をするとベテランに論破される
- ●外部研修で学んだことが生かしづらい
- ●講師の話を都合よく解釈する
- ●特定の誰かをせめてしまう
- ●保育を改善しようとしても、リーダーが理解しない
- ●そもそも保育を改善したい人が少ない
- ●外部講師が来るとよそゆきの保育になる

などの声が聞かれます。

そこで、おすすめするのが
「なぞルール」さがしから始める研修です。
次のページから、
「なぞルール」「にこルール」のさがし方や研修の進め方について紹介します。

# 1 「なぞルール」「にこルール」をさがす意義

園や保育の「なぞルール」や「にこルール」を
さがすことには、どのような利点があるでしょう。

\* 園のよさ・課題を
ポジティブに
見つけられる!

\* 保育者の
意識が変わる!

\* 職場の
コミュニケーションが
活性化する!

\* 保育の
スキルアップに
つながる!

## 根拠なき習慣やルールを
## 見直す雰囲気が生まれる

　多くの園では、保育方針等に基づく保育方法があり、それに沿った手順や日々の日課などに沿って保育が行われます。ほかの園を見たり、研さんしない限り、日常に溶け込んだ習慣の理由や根拠を考えることは、まずないでしょう。

　「なぞルール」や「にこルール」をさがすことは、ふだんの保育の中で、ごくあたりまえにやっていることの意味や理由を、改めて問い直してみることにつながります。

　批判や否定ではなく、「なぜだろう？」という疑問から検証を始めることで、園のよさや課題をポジティブに見つけることができます。「おかしいな？」と気づいても、言いにくい雰囲気があったり、しばらくすると慣れてしまうこともあります。

　園の習慣やルールの意味を問い直す作業に取り組むことで、ふだんから「なぜ、こうしているのだろう？」という問いかけがあたりまえになっていきます。

## 疑問が解消されると共に、
## 保育のスキルアップにつながる

　保育者集団の中では、一人ひとり価値観や保育観は異なります。もやもやを抱えている保育者も少なくないはず。そのもやもやの感覚こそ、大事にすべきです。

　「なぞルール」を園内研修に取り入れ、保育について語り合う機会が増えることで、保育に対する「視点」が共有化され、そのもやもやは少しずつ解消されていくはずです。園の保育を振り返り、理論的な意味づけを行う機会は、スキルアップにつながり、園全体の保育の質を向上させます。

# 2 「なぞルール」をさがす 2つの視点と チェックポイント

次の視点で問いかけてみましょう。

## それは本当に あたりまえ?

ふだんの保育で、ごくあたりまえにやっていることや日課になっていることについて、子どもの視点に立って、その必要性を改めて問い直してみましょう。気づいたことを付箋に記入して、いつでも貼れるようにしたり、メモをしておきましょう。

- ☐ 毎日のルーティン・手順
- ☐ 園の行事や活動
- ☐ 遊びの時間・方法・ルール
- ☐ 子どもへの言葉かけの特徴
- ☐ 生活のルールや日課の内容
- ☐ 保護者対応・保護者への情報提供の方法
- ☐ 保育者の役割分担
- ☐ 子どもの見方
- ☐ 朝の会・帰りの会
- ☐ 会議の雰囲気・手順や方法

# なぜそうして
# いるのだろう?

「なぜそうしているの?」という視点で、
その理由や根拠を話し合ってみましょう。

- ☐ 園の理念や方針
- ☐ 園の歴史（長年の習慣）
- ☐ 保育の常識（そういうもの）
- ☐ 先輩がしているから
- ☐ 子どものため（経験や成長など）
- ☐ 保護者へのアピール
- ☐ トラブル回避のため
- ☐ 環境（時間やスペースなど）の限界
- ☐ 科学的根拠
- ☐ 研究からの知見

「おかしいな？」と感じていながら行っていたことに
「『なぞルール』では？」と問いかけてみましょう。
なにげなく行っていた"子どもにとってよいこと"を
「『にこルール』では？」と認め合いましょう。

# 3 「なぞルール」研修の ための 5 つの約束

「なぞルール」を研修で活用するために、
まずは、次のルールを共有しましょう。

● 意見の正当性を競わない

● 経験者や上司の意見が優先されない

● 人の意見を否定しない

● 終わってからとやかく言わない

● すべての意見に真摯に向き合う

# 「なぞルール」研修の流れ

「なぞルール」研修の流れを説明します。

色で分けると
わかりやすい

**①** それぞれが見つけた「なぞルール」「にこルール」を付箋に書く

16〜17ページ参照

1つでも2つ以上でも
グループにしていいよ

**②** 付箋の「なぞルール」「にこルール」を、グループに分け、名前をつける

20ページ参照

**③** 「なぞルール」「にこルール」を、どうしたら改善したり、もっとよくできるか検討する

21〜23ページ参照

**④** グループごとのまとめを発表し合い、園の方向性を決める

# 5 「なぞルール」「にこルール」の検討［計画］

付箋紙によってカテゴリー化し、整理した「なぞルール」「にこルール」を、「なぞルール」は改善や問題解決に向けて、「にこルール」はさらなる改良、強化に向けて、具体的な策を検討します。

① 改善・改良しやすい順（緊急度が高いもの、長期的に取り組むものなど）に分けていく。

② それぞれについて、具体的なスケジュールと方法、中心となる人、予算や金銭的措置など、プランニングを行う。

〈例〉

| 「なぞルール」カテゴリー | 改善方法 | 対策チーム | スケジュール・予算など |
|---|---|---|---|
| 主体的な遊びが少ない | ・年間通して研修を行う<br>・外部講師を呼ぶ | 研修部（5名）<br>・主任<br>・担当者<br>（1〜5年未満：2名）<br>（5年以上：2名） | ・月1回の園内研修<br>・外部講師（年3回）<br>・購入する用<br>　¥○○○<br>・外部講師への謝礼<br>　¥○○○ |

# 6 「なぞルール」「にこルール」の検討［実践］

園内のリーダーやミドルリーダー（主任や副主任など）
がファシリテートしながら、記録にまとめましょう。
次にあげる3タイプのシートをご活用ください。

## ●「なぞルール」見直しシート（行事）

●コピーツール→136ページ

# ●「なぞルール」見直しシート

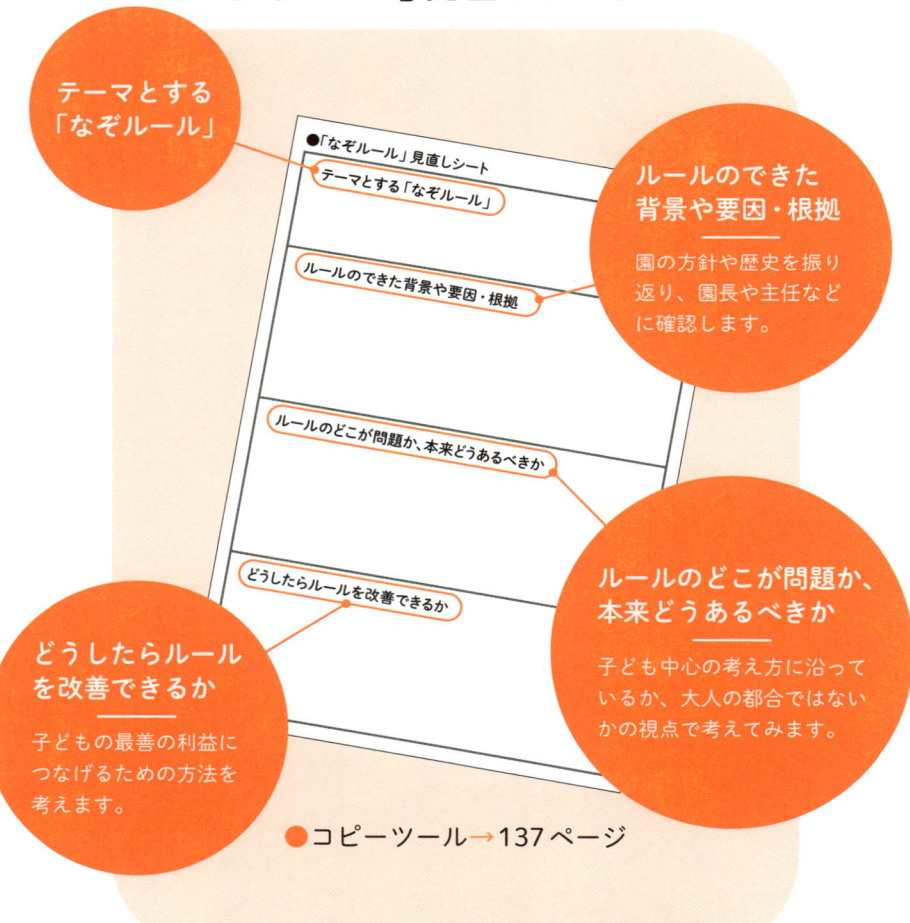

テーマとする「なぞルール」

ルールのできた背景や要因・根拠
園の方針や歴史を振り返り、園長や主任などに確認します。

ルールのどこが問題か、本来どうあるべきか
子ども中心の考え方に沿っているか、大人の都合ではないかの視点で考えてみます。

どうしたらルールを改善できるか
子どもの最善の利益につなげるための方法を考えます。

●コピーツール→137ページ

# ●「にこルール」発見シート

**テーマとする「にこルール」**

ふだんなにげなくしていることが子どもの成長につながり、園の強みになっていると思われること。

**何がどうよいのか**

子どもの発達や遊びの広がりにつながるような環境、援助のほか、子どもにとってどのようによいのかを考えてみます。

● コピーツール→138ページ

# 7 「なぞルール」を改善するCAPD

「なぞルール」を改善するためには、
PDCAではなく、
CAPDの順でくり返します。

## Check❶
（発見）

「なぞルール」「にこルール」をさがします。

## Check❷
モニタリング（検証）

実践後、どのような効果があったのか、再検討すべきことはあるか、再度、検証します。

自己評価

## Do
（実践・研修など）

実践や研修の中で改善を図ります（振り返り・OJTなど）。

これまでの方針や方法を変えるにあたっては、保護者にも意図や内容を具体的に伝えましょう。

　改善に時間がかかる事項については、「○年かけて取り組みます」など方向性や大まかなスケジュールを示すことも大切です。

# Act
## アセスメント（考察・分析）

「なぞルール」「にこルール」について検討します。根拠を改めて確認し、子どもにとってどうすることがよいのかを話し合います。

# Plan
## プランニング（計画）

話し合いの内容をふまえ、誰が、いつ、どうしていくのかの具体的な計画を立てます。

# 8 「なぞルール」研修と自己評価

「なぞルール」「にこルール」さがしから改善に向けた実践の振り返りを、自己評価に生かしましょう。

## 「なぞルール」「にこルール」さがしは、そのまま園の自己評価

　自己評価は、「幼稚園教育要領」においては義務、「保育所保育指針」「認定こども園教育・保育要領」においては努力義務となっています。

　評価についての具体的な方法はガイドラインによって示されていますが、園ごとに任されており、チェックリストをやって終わる園も多くあるのではないでしょうか。

　「なぞルール」「にこルール」さがしから改善・強化に向けた振り返りの過程は、園の強み・弱みを発見する過程であり、それが園の自己評価の取り組みと方向性が同じです。ガイドラインと合わせる形で、自己評価に活用することをおすすめします。「なぞルール」研修も自己評価も、保育の実践の課題を見出し、改善につなげる行為だという点が一致しています。

参考　・「保育所における自己評価ガイドライン（2020年改訂版）」
　　　　厚生労働省　2020年3月
　　　・「保育をもっと楽しく－保育所における自己評価ガイドラインハンドブック」
　　　　厚生労働省　2020年3月
　　　・「幼稚園における学校評価ガイドライン（平成23年改訂）」
　　　　文部科学省　平成23年11月15日

# Column

声

「なぞルール」をテーマに講演を
行った際に、参加者から
寄せられた声です。

「なぞルール」さがしが、あ
たりまえと思っていることを
見直すきっかけになりました。

なにげなく続けていることに、
「なぜ？」と考える習慣、意
識をもてるようになりました。

経験が長くなり、考えを変えづらくなって
います。立ち止まって「いいのかな？」と
自分の保育を見直す必要を感じました。

これまでもやもやしてい
たことを、同僚同士で共
有できたことがよかった。

あたりまえに思っていた
ことを突き詰めると、よ
りよい保育につながるこ
とがわかりました。

自園の「なぞルール」について書き出していた
ら、子どもではなく、保育者が「楽」な環境づ
くりをしているのではないかと思い始めました。
話し合う必要性を強く感じました。

自分がしたい保育と園の環境ややり方にギャッ
プがありました。疑問に思ったことは投げかけ
てみようと思うようになりました。

「にこルール」を見つけて園の強みを発見し、「なぞルール」をさがして園や自分の保育の弱みを強みに変え、よりよい保育を目指しましょう。

第2章で取り上げる「なぞルール」も参考にしてください。

# 第2章
# 保育現場の「なぞルール」

- **Part 1** 保育の言葉
- **Part 2** 保育のねらい
- **Part 3** 保育者の専門性

# 子どもは、手を出さず「見守る」

主体性を大事にすることは、見守って受け止めることだから、
子どもの行動にはできる限り手や口を出さない。

なにが問題？

## ● 危険の除去と安全の確保のため

安全かどうか、危険がないかどうか、リスクとハザードを除去するよう、しっかり見守ります。

## ● 子どもの主体性を大事にしたい

主体性を大事にするため、大人主導ではなく、子どもに不必要に声をかけないよう、心がけています。

# 問題はココ！ 「見守り」の意味が共有されていない

　安全性を確保し、子どもを受け止め、見守ることはとても大切です。しかし、受け止めよう、見守ろうとするあまり、自分はどう関わったらよいのか、今関わってよいのかと悩む保育者は少なくありません。

　問題は、この言葉のあいまいさです。人によってとらえ方が違うため、具体的にどうするかの共有が課題です。子どもの安全や主体的な活動は、最低限保障されるべきものです。そのうえで保育者は、子どもが生活し遊ぶ姿から「学び」や「育ち」をとらえ、子どもを理解するのです。

Part1 保育の言葉

「見守る」とは
子どもを理解しよう
とする行為

## 「見守る」とは子どもの動きや行為の意味を理解すること

「見守る」という保育者の行為は、危険か安全かを見ることではなく、子どもの行為の意味を理解すること。子どもが今どのような状況にあるのか、何を学ぼうとしているのかを適切にとらえることです。

## 子どもの状況に合わせた関わりをする

見守って状況を把握したうえで、保育者は、子どもを受け止めたり、足りない環境を加えたり、自分が環境の一部になったり、子どもが試行錯誤していることを一緒になって考えたりします。これが保育者に求められる役割*です。

例えば、子どもがクレーンゲームや自動販売機を作りたいと考えている場面では、ときに保育者が一緒に仕組みを考えたり、必要なものを用意したりします。

＊139ページ参照

## 保育を振り返り、その場ではわからなかった「意味」に気づく

子どもの動きは「体が語る」ともいわれます。子どもの動きや行為、遊びがどのような背景や意味をもつか、保育を振り返ることで理解が深まります。

Part1 保育の言葉

# なぞルール 2

# 保育は「子ども主体」が大切

なにが
つくりたいかな～？

ぼくも入れる
お菓子のおうちー！

それはムリ…
どうしよう…

「子ども主体」＝大人主導の保育はNG。活動の内容はすべて
子どもが決めるのがよい。

なにが問題？

## ●「主体性」は、幼稚園教育要領や保育所保育指針で解説されている

幼稚園教育要領や保育所保育指針などでは、様々な章にわたって「子どもの主体性」「主体性の尊重」がうたわれています（幼稚園教育要領解説：30語、保育所保育指針解説：26語）。

## ●「自主性」と「主体性」の混同がある

子どもが成長するうえで求められるスキルとして、「自主性」「主体性」がいわれるようになりました。言葉が似ていること、どちらも抽象的な表現であるため、混同して使っている保育者も少なくありません。

## 問題はココ！ 「子ども主体」と大人の事情がバッティング

「自主性」は、ある程度決められた枠組みの中で自分で考え行動すること。「主体性」は、枠組みから自分で考え、行動することで、失敗も含めて責任を伴います。

ですから、子どもの主体性を大事にするには、子どもが試行錯誤したり考えたり決めたりを、どこまでも見守ることのできる「度量」が保育者に必要です。主体性を大事にする「内容を決めさせよう」でスタートすると、保育者の枠を超えることになり、迷いが生じます。

子どもに「決めていいよ」と言いながら、大人の都合などで最後は保育者が決めるということになると、「子ども主体」から遠い保育になってしまいます。

コレで解決！

保育者は覚悟を決めて、子どもの自己決定を尊重する

## 子どもの自己決定を尊重する

子どもに決めさせようとしたならば、それを尊重する姿勢が必要です。たとえ実現が難しいことも、子どもが中心になって悩み考えることで、結果的に達成できなくても、かけがえのない体験になります。

## 発達に応じて、保育者の関わりの"さじ加減"を変える

0歳児と5歳児では、子どもが自分で決める力には違いがあります。発達に応じて、保育者の関わりを変えていくことが大切です。最初はあらかじめ選択肢を設け、そこから子どもが選べるようにしてもよいでしょう。

「主体性は1日にしてならず」です。それまで自分で選んだり決めたりする経験をせずに、5歳児になっていきなり「自分たちで決めなさい」と言われても、決められるようにはなりません。

**コラム チェック**

### ▼幼稚園教育要領・保育所保育指針の「主体性」

- 集団生活の中で主体性や社会的態度を身につける（教）
- 主体性と教師の意図のバランス（教）
- 環境を通して行う教育（保育）においての主体性（教／保）
- 教育を通しての総合的指導における主体性（教）
- 主体性と計画（教／保） 一人一人の主体性の尊重（保）
- 「ただ遊ばせている」ことへの留意（教）
- 養護における主体性（保） 　教＝幼稚園教育要領　保＝保育所保育指針

Part1　保育の言葉

# 「意欲的に取り組む」姿を期待する

子どもは子どもらしく活発に遊んでほしい。だから活動のねらいは、「意欲的に取り組む」。

なにが問題？

## ● 子どもが意欲的に取り組むことが重視されている

「幼稚園教育要領」「保育所保育指針」とそれぞれの解説には、子どもの「意欲」が頻出します（幼稚園教育要領：66回、保育所保育指針：26回）。

## ●「子どもらしさ＝意欲的」の思い込みがある

保育・教育関係者のみならず大人はみな、元気に遊ぶ、仲よく遊ぶなど「子どもらしさ」に固定概念や特有の価値観をもちがちです。そして、子どもは素直で好奇心旺盛な存在であることを期待しています。

## 問題はココ！ 目に見える「意欲」だけを認めている

　幼稚園教育要領や保育所保育指針には、子どもが意欲をもって遊び、生活する姿が大切にされています。

　表面的には保育者が提示した活動には興味を示さなくても、積極的に遊びに参加したり、自分から「○○したい」と言ったりしなくても、子どもの中に意欲は存在します。「元気＝意欲」「積極的＝意欲」ではないのです。

　一人ひとり興味・関心は違うので、その子の興味・関心に焦点を当てないと、目に見える意欲しか見えなくなります。表面に見える「意欲的に取り組む」姿を重視すると、子どもの内なる意欲に気づかなくなります。また、その日の体調、家庭での状況、友だちとの人間関係などの影響で、いつも意欲的でいられる子どもばかりではありません。

Part 1 保育の言葉

コレで解決！

子どもの内なる意欲にも
目を向ける

## すべての子どもに意欲があると認識する

　すべての子どもは意欲があります。「活動に参加しない＝意欲がない」ということではありません。意欲がないように見える子どもがいたら、それは自分のとらえ方に問題があるのだという意識をもちましょう。自分はうまくとらえられなくても、ほかの保育者には、その子どもの意欲がとらえられるかもしれません。

　情報交換をしながら、子どもをとらえる目を見直しましょう。

## 意欲的に見えない子どもの要因をさぐる

　家庭環境の影響などほかの要因により、健全な意欲を発揮できていない子どももいます。例えば、マズローの欲求5段階の理論でいえば、生理的欲求や安全の欲求が満たされていなければ自己実現の欲求に到達しません。

---

コラム　チェック

### ▼ マズローの欲求5段階

　人は、自己実現に向けて成長する存在だといわれ、低階層の欲求が満たされると、より高次の欲求を満たそうとするようになります。

- 自己実現の欲求
- 承認の欲求
- 社会的欲求（所属と愛の欲求）
- 安全の欲求
- 生理的欲求

# なぞルール ④

# 子どもには
# 幼児語で親しみやすく

- - - - - - - - - - - - - - - - - - - - - - - - - - - - - -

「お給食」「おひざ」…と「お」をつけて丁寧な言葉を使い、「ワンワン」「お机さんが痛いって」などの幼児語や、ものを擬人化した言葉を使い、子どもに伝わりやすく話している。

なにが問題？

## ● 保育の中で使われてきた「丁寧語」

保育者のふるまいや言葉づかいを子どもはよく見ていて、まねもします。以前から保育の世界では、独特の丁寧語が使われてきました。

## ● 子どもにわかりやすく伝えたい

幼児語を使ったり、ものを擬人化することで、子どもにとってわかりやすく伝えようとしています。

## 問題はココ！ 正しい言葉の習得を妨げる

　丁寧な言葉自体がいけないというわけではありません。問題は、子育てや保育の世界のみに通用するような独特の言葉（ジャーゴン＊＝業界用語）を、無意識に乱用していることです。

　車を「ブーブー」、犬を「ワンワン」などという幼児語は、言葉を話し始めたばかりの子どもにはよいのですが、さらに言葉を増やそうという幼児にとって、正しい言葉の習得を妨げることにもなります。

　言葉はいろいろな人とつながるツールです。子どもがなじんだ言葉が、コミュニケーションの幅を狭くする可能性があることを、認識しましょう。

＊45ページ参照

Part1 保育の言葉

子どもの人間関係を
豊かにするために、
適切な言葉で話す

## 子どもであっても一人の人間として尊重

　過剰な幼児語は、子どもを子ども扱いしすぎているともいえます。子どもの尊厳や人権を尊重し、一人の人間として適切な言葉で話すように心がけましょう。

## 3歳を目安に大人がモデルとなる

　言葉の発達の目安として、おおよそ3歳で約1000語を習得するともいわれています。多くの言葉を習得して使う時期の子どもには特に、保育者は適切な言葉を使って関わるよう心がけましょう。

### コ ラ ム （チェック）

#### ▼「保育実践ジャーゴン」の例

保育の中での不適切な表現の例をあげます。

| | |
|---|---|
| 対象の擬人化 | ▶お靴くんが泣いてるよ、お椅子が痛い痛い　など |
| 子どものモノ化 | ▶新幹線で行くよ、お口をチャック　など |
| 擬音の動詞化 | ▶背中をトントンする、お皿をピカピカにする　など |
| 子どもの特別呼称 | ▶○○星人、○○名人　など |
| 事物の丁寧化 | ▶お集まり、お給食、お机　など |

参考：『幼児教育知の探究1 ナラティヴとしての保育学』（著：磯部裕子・山内 紀幸／萌文書林）

# みんな一緒に ごあいさつ

「先生おはようございます」「みなさんおはようございます」は毎朝のお約束。みんなで元気よくあいさつをして、気持ちよく朝をスタート。

なにが問題？

## ● 社会で必要なあいさつ言葉を学んでほしい

「おはよう」「ありがとう」「さようなら」など、社会には、場面ごとに求められるあいさつ言葉があります。あいさつ言葉には、人間関係を円滑にする役割もあります。園は子どもが出会う初めての社会。大人の指示などによって、みんなで一緒にあいさつ言葉を使うことで、あいさつが習慣になることを願っています。

# 本来のあいさつの習慣にはつながらない

あいさつは本来、号令をかけられてするものではありません。また、時間や場面によってあいさつ言葉は違ってきます。朝、出会ったら「おはようございます」、感謝したいときに「ありがとう」など、場面ごとにしぜんに口にするものです。

あいさつ言葉が使えるからといって、自分から場面に応じて使えるようになるわけではありません。同じ言葉で同じ調子で言う朝の会のあいさつ言葉は、決まり文句になっている可能性もあり、習慣になるかどうか疑問です。

「お当番さん、お願いします」「失礼します」など、園の中で独特のイントネーションで使われ、決まり文句になっているあいさつ言葉がないか、その言葉は園内外のほかの場面で子どもからしぜんに出ているか、確認する必要があります。

コレで解決！

大人同士、しぜんに
あいさつする姿を
まず見せる

## 年上の子どもや大人が あいさつする姿を見る

　子どもは、同年代や年上の子どものまねをするので、いちばんよいのは、年上の子どもが気持ちよくあいさつをする姿を見ることです。

　また、保育者は、保護者や来客に率先してあいさつをし、その姿を子どもに見せましょう。保育者同士のやりとりも重要です。子どもにしてほしい姿を見せましょう。

## あいさつをする気持ちよさを感じる

　保育者から子どもにあいさつをして、子どもがあいさつを返したら、さりげなく喜びを伝えます。

　大人は、子どもがあいさつをすることを期待して、言わせようとしますが、ぜったい言わない子どもがいます。しかし、言わなくても、心の中であいさつをしていることもあります。あいさつを強要しないようにしましょう。

　あいさつ言葉を使う意味がわかり、あいさつし合う心地よさを感じることができたら、子どもは、自分からあいさつ言葉を使うようになります。

### コ ラ ム チェック

#### ▼ あいさつ言葉一覧

　以下にあげるあいさつ言葉が、適した場面でしぜんに使えているかを確認しましょう。

「おはようございます」「ありがとうございます」「失礼します」「いただきます」「ごちそうさまでした」「お当番さんありがとう」「ごめんなさい」「これから○○会を始めます」「さようなら」

# ニーズにこたえるのが「子育て支援」

先生〜
お願いしまーす！

おはよう
ございます

おはよう
ございます

「子育て支援」において、園や保育者は支援する側。保護者の要望にはなるべくこたえたいと思う。

なにが問題？

## ● 子育て支援の必要性が高まっている

少子化が進んで、親になるまでに乳幼児と接する経験が少なく、核家族化によって身近に頼れる親族がおらず、保護者だけで育児を担う現状があります。そのような中、園は、子どもだけでなく、保護者も支援することが求められるようになりました。

## ● とことん保護者の仕事と育児の両立を支援

園は、保護者からのニーズにこたえていくことこそ、子育て支援だと考えています。

## 問題はココ！ 表面化したニーズに支援が向きがち

保護者のニーズにこたえることは大切ですが、保護者の本来のニーズを把握・理解できているかは疑問です。

表面化している顕在的ニーズばかりを支援しても、事前期待値が満たされるのみで、保護者の満足度は上がりません。満足度は、保護者自身がまだ意識していない潜在的ニーズ（本当はこんなことを求めていたのかもしれない）を満たして初めてあがります。

保護者が本当に望むことは、当人にもわからないこともあります。保育者は、子どもの育ちや保育の意図、効果を具体的に伝え、どうニーズを満たすかが問われます。

Part1 保育の言葉

51

コレで解決！

子どもの育ちの意味を
保護者に伝える

## 子どもの育ちを
## 保護者にわかりやすく伝える

例えば、おたよりや保育ドキュメンテーション、面談、保護者会、ICT、連絡帳など様々な媒体により、子どもの育ちの姿を伝えます。その際、保育の意図や育ちの意味など、具体的な子どもの姿を伝えましょう。

## 遊びを通して何がどう育つのか伝える

乳幼児期の教育・保育は、生活や遊びを通して総合的に行われます。近年、非認知能力の重要性がいわれ、園でも遊びの中で、好奇心や探究心を培っていく方向性に変わりつつあります。保護者にもその意味を伝え、理解をはかりましょう。

### コラム チェック

### ▼ 保護者が子育てで力を入れていることは？

保護者の子育てに関する意識と実態について調査したデータによれば、「子育てで力を入れていること」について、「他者への思いやりをもつこと」「基本的な生活習慣を身につけること」「親子でたくさんふれあうこと」の割合が高く、ほかにも、「社会のマナーやルールを身につける」「自分の気持ちや考えを人に伝えること」「自分でできることは自分ですること」などの割合が高くなっています。

一方、「外国語を学ぶこと」「芸術的な技能を伸ばすこと」「数や文字を学ぶこと」の割合は高くありません。

参考：ベネッセ教育総合研究所　第6回幼児の生活アンケート　2022年

# 遊びの中で科学的な関心をもち、自分なりに答えを探す

　4歳男児のAが、砂場で遊んでいました。砂場で皿に砂をごはんのように盛りつけ、陽のあたる場所に置いたら、砂が黒色から白色に変化しました。

　それに気づいたAは、「はじめは黒かったのに、なぜ白くなったんだろう？」と考えました。保育者は「なぜだろうね。不思議だね」「そこの地面も黒のところと白のところがあるね」など、関心に沿った応答をしました。

　Aは「黒い砂と白い砂があるのかもしれない」とか「白はあったかいけど黒は冷たい」などと、考えをめぐらせていました。そのうちに、「コンビニのトイレはなんで青と赤があるんだろう」「青が好きな女の子もいるよね」と言い出しました。そしてAは、湿った砂をカップに入れて陽の当たる地面に穴を掘って埋め、砂の色がどうなるのか、実験を始めました。

睦沢町立睦沢こども園（千葉県）

にこルール
02

# 「だじゃれかるた」を通して、楽しみながら言葉に触れる

　5歳児クラスで「だじゃれ」がはやりだしました。子どものだじゃれをメモしていた保育者が、子どもにだじゃれかるたを作ることを提案しました。「さいのさいん」「ぶどうひとつぶどう？」「たいようがおもたいよう」など、名作が次々に生まれました。

　たまってきたところで、だじゃれに合う絵を子どもたちが描き、保育者がブッカーで貼ってカルタに。70枚できたところで、「第1回 だじゃれかるた大会」を開催。この大会を経て、さらにだじゃれかるたづくりが盛り上がり、最終的にできたかるたは121枚。「第2回 だじゃれかるた大会」は、同じ頭文字の札が複数あるため大人は戸惑い、子どもが見事に勝利しました。

　「だじゃれ」は、実は奥が深い言葉遊びです。語彙力や言葉の豊かさ、柔軟な思考も求められます。また、それを絵で表現したり、集団でかるたで遊んだり、友だちと関わりながら作成したり、様々な"学び"が凝縮しています。

しょうががないからしょうがない

ままがきまま

そーだはおいしそーだ

いちじにくるいちじく

たいようのひざしがいたいよう

世田谷区立駒沢保育園（東京都）

# 就学準備は
# "きちんと座る"

ちゃんと
座れないと

小学生に
なれないよ～

だら～

ピシ

子どもが小学校に入ったときに困らないよう、就学を意識した
保育活動を行っている。

なにが問題？

## ● 小学校への接続プログラムが推進されている

小学校への就学準備計画であるアプローチカリキュラム
が作成され、小学校では1年生のスタートカリキュラム
が立てられています。また、「幼保小の架け橋プログラ
ム」が推進されており、年長児の担任は、小学校との接
続を意識します。

## ●「座る」「話が聞けるように」が求められてきた

授業時間に座っていられるように、また話が聞けるよう
になど、授業を受ける前の"型"ができているかが、伝統
的に求められてきました。

## 問題はココ! 小学校生活を楽しみに待つ 気持ちが失われることも

就学への接続自体は問題ではありません。子どもが小学
校生活をイメージし、楽しみに待てるのならよいのです。
しかし、字の読み書きや座って話を聞けること、生活の自
立がアプローチカリキュラムの中心になると、「○○でき
ないと小学生になれない」という誤ったメッセージにつな
がります。

求められているのは、学びの連続性です。就学前に、3
つの資質・能力*、幼児期の終わりまでに育ってほしい姿が、
小学校の学びにつながるイメージですが、これはあくまで
目安であり、到達度や指標ではありません。

＊141ページ参照

Part2 保育のねらい

コレで解決！

自発的な遊びの中で
探求心・協同性を引き出す

## 好奇心・探求心をもって とことん遊べる環境を用意する

　就学に向けて園で意識したいのは、3つの資質・能力です。そのために保育者は、子どもが夢中になれる環境を用意しましょう。遊びの中で、興味・関心のあることをとことんやりこむ、好奇心をもつ、自分でいろいろ試すといったことを、夢中になってやっていくことが大切です。

## 協同性を育む

　複数の子どもでイメージを共有したり意見を交わしたりしながら一つのものを作り上げる、集団遊びやルールのある遊びを行うなどの経験が、小学校以降の学びにつながっていきます。
　保育者は、園での遊びが小学校以降の学びにどうつながっているか、小学校などとの研修で確認するとよいでしょう。

## 小学校が楽しみになる活動を実践

　幼保小連携として、小学校を訪問する機会もあります。小学校で見聞きしたことを再現するような遊び、例えば、授業ごっこや給食ごっこなどができるコーナーや環境構成をしてもよいでしょう。

# 異年齢保育は
# 年上の子が年下の子を
# お世話する

異年齢保育では、年上の子どもが年下の子どもの面倒をみるよい機会になっている。

なにが問題？

## ● 年長児は園の「お兄さん」「お姉さん」

少子化の影響もあり、異年齢の子ども同士が関わり合う機会が減っています。年長児は、園の最上級生であり、「お兄さん」「お姉さん」という意識があります。

## ● 年下の子の面倒をみることが期待されている

異年齢保育を学びの場としてとらえ、年下の子どもは年上の子どもをお手本にしながら成長してほしい、年上の子どもは年下の子どもの面倒をみて思いやりの心を身につけてほしいと思っています。

# 異年齢での関わりは、お世話ややさしい心を育むためだけではない

異年齢保育のねらいが、ルールを守ることや生活面での自立につながりがちで、年上の子どもが年下の子どもの面倒をみたり手本となったりすることが期待されています。また、年下の子どもができることを奪ってしまうような手伝いや世話も見られます。しかし、それは特徴の一つにすぎません。

一方で、例えば年長児は、遊びの幅や技術も進化しており、年下の子どもの"憧れ"の存在です。遊びの伝承は、年下の子どもが観察して模倣したり、参加したりすることで盛んになります。

Part2　保育のねらい

年上の子どもは
年下の子どもの
"遊びのモデル"に

## 年上の子が遊んでいる姿を年下の子が間近で見られる環境を用意する

年長児が集団で協同して遊んだり、何かを作ったり、困ったときに話し合って解決したりする姿を、年下の子どもたちは間近で見て、まねをしたり再現したりします。

年上の子どもが生活や遊びのモデルになれるよう、しぜんな交流や関わりの機会を増やしましょう。

## 年下の子どもへの関わりを吟味する

年下の子どもの担任などは、年上の子どもの遊びを邪魔しないよう、仲介したり、代弁したり、逆に参加させようとしたりします。中には、困った年上の子どもが、「小さい子に○○させないで」などと保育者に訴えることもあるでしょう。

断ったり、許可したりなどは、子ども同士のやりとりを促し、見守ります。

## ときに年上の子どもの活動が守られる環境を

異年齢の関わりで懸念される部分に、安全性への懸念と、年長児の高い技術や集団性への配慮の問題があります。

交流を深めていくうちに、年上の子どもは、年下の子どもに危険が及ばないような配慮をじょうずにします。そのため、逆に、やりたい遊びを自粛する場面が出てくることがあります。保育者は、年上の子どもが夢中になってできる環境の確保が必要な場合があることを留意しましょう。

# なぞルール ③

# 「がんばる」ことは すばらしい

最後まで がんばろうね

「いっしょうけんめいがんばる」「最後までがんばる」ことで、
子どもは達成感を得て、成長につながる。

なにが問題？

## ● 成長のためにがんばりを期待する

がんばることがよいこと、行事や活動をがんばる姿が育ちにつながるという価値観は、根強くあります。また、子どもが何かを達成することが、わかりやすい成長の姿に映ることがあります。

## ● 子どものがんばりが実践力の高さに見える

子どもががんばる姿やクラスがまとまる姿を、保育の実践力の高さによるものととらえ、子どもをがんばらせることで評価につなげたいという思いをもつ保育者もいます。

 # 子どものがんばる姿に 保育者が安心する

子どもががんばることを望んでいるのは誰でしょう。特に運動会や生活発表会などで、内容が子どもの遊びから生まれたものではなかったり、保育者の考えるセリフや動きなどを再現させるだけの場面が見られたりします。それなのに、うまく乗れない子どもや、がんばりを表に出せない子どもに、ネガティブなレッテルを貼っていませんか。

こうした評価が、子どもにどのような影響を与えるかを、保育者はよく考えてみる必要があります。

保護者や保育者の望む姿を子どもに押しつけていないか振り返ってみましょう。

コレで解決！

がんばりで評価せず、
ありのままを認める

## 保育者自身の意識を変える

　がんばることがよくて、がんばらないことが悪いという価値観は偏っています。子どもは、関心があることや好きなことには、しぜんに体が動きます。

　その子どもが関心をもっていることや精一杯取り組んでいることが必ずあります。保育者は、なぜそういう姿なのかをきちんと理解することが大切です。

## 「がんばり」という評価の視点のみで見ない

　がんばっている子どもを認めることは、子どもへの一つの評価であり、必要な視点・行為です。

　認めるときは、「すごいね」「えらいね」という評価の言葉だけではなく、その子どもの気持ちに沿って、「好きなんだね」「がんばりたいんだね」などと言葉にしましょう。

## 「がんばり表」は慎重に

　「がんばり表」を作り、目標をクリアすることは、検討の余地があります。子どもたちのモチベーションのために、という思いはわかりますが、苦手な子どもやできない子どもの自尊心が満たされなくなります。

　もし「がんばり表」を作るなら、個別のファイルにしたり、その子どもがしたいことを項目にしたりなど、その子専用の「興味・関心ファイル」にしてみてはどうでしょう。

# 「貸して」「いいよ」で社会性を育てる

それ貸して〜

いいよ...

おもちゃは「みんなのおもちゃ」だから、ひとり占めにならないよう、みんなで仲よく使うこと、順番に使うことを伝えている。

なにが問題？

## ● 人間関係をスムーズにする決まり文句がある

「貸して」「いいよ」、「入れて」「いいよ」、「ごめんね」「いいよ」などは、人間関係をスムーズにする決まり文句です。「貸して」「いいよ」の言葉を橋渡しにして、物の貸し借りがスムーズに行われると、トラブルに発展することが少なくなります。

## ● おもちゃの取り合いを避けたい

おもちゃの取り合いなどからトラブルに発展しないよう、「貸して」「いいよ」をルールにしています。

## 問題はココ！ 自分たちで交渉するスキルが身につかない

貸したくなくても「貸して」と言われたら貸さなければならない、「貸して」と言えば貸してもらえるという、偏った理解につながることにもなります。

交渉や葛藤をせず、決まり文句で解決することが続くと、子どもに解決するスキルが身につきません。

使ってすぐに「貸して」と言われ、まだ使いたいなど貸したくないときに、交渉ややりとりをしないで貸し借りを成立させるのは問題です。「使ったばかりだからまだ貸せないんだ」と相手に気持ちを伝えることのほうが、人間関係のスキル向上につながります。

なお、1・2歳児の子どもにとっては、貸し借りのスキルを知る第一歩として、「貸して」「いいよ」は、"こういう伝え方がある"という具体的なモデルとなります。

コレで解決！

子ども同士のやりとりや
交渉を大切にする

## 必要な環境を構成する

　教材やおもちゃ、遊びに使う素材が不足していることもあります。子どもの興味・関心に沿った環境構成が求められます。

## 理由や気持ちを伝え、やりとりできるようにする

　まだ使いたい気持ちや、いつなら貸せるのかという思いを子ども同士伝えられることが大切です。それによって互いに気持ちを知る機会になります。

　ものの貸し借りの場面では、子ども自身が理由や自分の気持ちを相手に伝え、相手の気持ちも考えたり理解したりできる機会ととらえましょう。

## 保育者は、必要に応じて子どもの気持ちを代弁する

　どうしても貸したくないときは、いつなら貸せるのか、どうすれば待てるのかなども子どもが伝えられるようにしましょう。子どもが言葉にできないときは、必要に応じて保育者が代弁します。

# 同じ経験をする ことが権利

外国籍の子どもも発達障害のある子どもも、ほかの子どもと同じ経験ができるように配慮している。

なにが問題?

## ● 同じ経験をすることが 権利だという思いがある

障害の有無や国籍を理由に、活動に参加する機会を制限しないようにすること、同じ経験をする権利をかなえることが配慮だと考えています。

## ●「どの子どもも、参加を望んでいる」 という誤解がある

みんなと同じことを同じようにすることが幸せ、本人も保護者も望んでいる、という誤解があります。その場にいるだけでも、見ているだけでも、場を共有するだけでも目一杯の子どもがいます。

問題はココ！

# 本人が望まなければ 配慮にならない

子ども自身がみんなと同じ経験をしたいと望み、そのために配慮することは間違っていません。むしろ障害の有無や国籍によって、経験の機会が妨げられることのほうが合理的配慮＊に欠けます。

しかし、本人が望んでいないのに、同じ活動に参加をすることにこだわることは問題です。

子どもが安心感をもち、自ら参加しようとするまで待ち、形にこだわらず、本人の生活の質（QOL）を豊かにすることが本当の配慮です。活動への参加は強制されるものでも、制限されるものでもないのです。

＊75ページ参照

Part2 保育のねらい

73

コレで解決！

一人ひとり違っていてよい
とする

## 一人ひとりに応じた居場所を用意

こだわり、好きな場所、好きな遊び、落ち着けるスペース、クールダウンできる場所、好きな人、好きな友だちなど、その子どもが安心していられる場所を用意する必要があります。

## 参加の方法を、子どもが 選択・表明できるようにする

参加の方法を子どもが選択・表明できるようにします。伝え方が不十分な子どもの思いは保育者が汲み取り、代弁しましょう。

### コラム チェック

#### ▼ 園における合理的配慮の提供とは

- ●障害の有無や国籍によって、その子どもがやりたいことが制限されないこと。その子どもが望めば、ほかの子どもがすることができるように配慮します。望んでいないのに形だけ配慮することは、合理的配慮とはいえません。
- ●音に敏感だったり集団が苦手などの理由で活動に参加できない子どもが、いてよい場所が保障されていること。苦手なことを避けられるスペースを用意します。
- ●個別の計画を立て、保護者の理解のもとで保育を進めていきます。

# 外では元気に 体を動かして遊ぶ

健康的な生活を送るためにも、外で元気に体を動かして遊ぶことを大切にしている。

なにが問題？

## ● 身体的な発達を促すために体を動かしてほしい

午前中は体を動かしてたっぷり遊び、おなかを空かせて昼食を食べる。それが子どもの健康のために大切だという思いがあります。

## ● 外遊びと室内遊びを同時に見守る人手がない

クラスの子どもが室内と屋外にばらけると、それぞれに保育者の見守りが必要になり、人手が足りなくなります。

## 問題はココ！ 外では主に体を動かすような選択肢しかない

「園以外での外遊びが週に一度もない子どもが8％」（笹川スポーツ財団調査）など、子どもの外遊びの機会が減っているといわれます。野井真吾は、光を浴びることで睡眠導入ホルモンのメラトニンが出て、夜の睡眠に影響すると指摘しています。また、柳沢正史は、子どもは夜の睡眠の長さにより、脳の海馬の成長に影響すると指摘しています。

太陽のもとで体を動かして遊ぶことは大切です。しかし、外では体を動かす遊びに限定されがちで、室内遊びの続きをしたり、静かに遊ぶなどの選択肢がありません。

体を動かして遊びたい日もあれば、なんとなく静かに絵本を読んだり絵を描いたりしたい日もあるはずです。体を動かさずとも、テラスや縁側での日なたぼっこや室内遊びを続けてできるようにする工夫も必要です。

コレで解決！

外でも動的・静的に過ごせる環境を工夫する

## 外でも静かにじっくり遊べる場をつくる

ごっこ遊びのおもちゃや、製作用の素材、絵本などを用意して、外でも興味のある遊びが主体的に展開できるようにします。

## テラス等のあり方を再検討する

外と中をつなぐ場所（テラスなど）がある園では、そこに製作コーナーをつくったり、ござなどを敷いてゆったりできるスペースをつくったりなど、外と室内を橋渡しするような場にするとよいでしょう。

## 室内での遊びが外でも展開できるようにする

室内では指先を使った遊び、外では体を動かす遊びだけではない選択肢をつくりましょう。

熱中症アラートや大雨警報などが出て、外に出て遊べない日もあります。そのようなときに、室内でも動的な遊びが保障できるようにすることも必要です。

## 複数のクラスの保育者で連携する

クラスを超えて職員同士が連携しましょう。室内で子どもを見守る職員、屋外で子どもを見守る職員がいれば、子どもは好きなほうで遊ぶことができます。

# 体操、絵画、音楽は プロに任せる

はいっ

ゴ〜ロゴロ〜♪

……

子どもたちが運動能力やリズム感、表現力を身につけられるよう、専門の先生にお願いしている。

なにが問題？

## ● 選ばれる園になるために必要

少子化により園の存続が危ぶまれ始めている中、幼児教育に力を入れている姿勢を見せることは、保護者に選ばれる園になるために必要だと考えられています。体操、絵画、音楽、英語など、外部から講師を呼んでいるということで、園に付加価値をつけるねらいがあります。

## ● プロの指導に触れさせたい

子どもの隠れた才能を開花させるためには、幼いころからプロの指導に触れることが大切だと考えています。

問題はココ！

# 子どもにとって本当に必要な機会か疑問

　子どもの発達は、全体的かつ総合的なものです。運動や造形の技術や、特定の種目を身につけることは、才能を伸ばすことにはつながりません。発達段階に配慮していない指導になれば、子どもにとって意味がなく、その時期に本当に必要な経験をする機会を奪うことにもなりかねません。

　本来、子どもたちは遊びを通して運動能力や表現力などを身につけていきます。習い事のように特定の種目を学ぶことには、たとえ保護者が求めていたとしても、子どもにとってどれだけ意味があるのか、考える必要があります。

　また、こうした活動が子どもの継続的な遊びを分断し、遊びが細切れになったり、活動の前後に待ち時間ができたり、活動を待つための遊び時間ができたりしてしまいます。

コレで解決！

技能を高めることより、遊びを通して幅広い経験を積めるようにする

## 遊びの中で、様々な経験を積めるように

幼児期は、できるだけ幅広い経験を積ませながら、総合的な発達を促したいものです。運動能力も表現力もリズム感も、遊びながら、いつのまにか力がついていることが理想です。

## プロの指導を主とせず、本物を見る機会に

本物に触れることも、悪いことではありません。子どもは観察し、模倣しながら学んでいくので、プロの指導を受けることを主とせず、楽しさや、本物の技を見る機会とすればよいでしょう。

## 遊びを通した学びについて知る

子どもにとって学びとは何か、遊びを通して子どもが学んでいく方法や内容を、園として考えていきましょう。

コラム チェック

### ▼ 遊びを通した学びと保育者の役割

遊びがダイナミックに展開することに限らず、生活・遊び・園で過ごす時間のすべてが子どもにとって学びです。保育者は、子どもの学びに必要なことを伝えたり、必要なものを与えたりだけではなく、子どもがもつ能力を引き出し、生活や遊びを通して総合的に学ぶように働きかけます。

# 当番活動で
# 責任感を育てる

給食の配膳、栽培物の水やり、飼育のえさやりなどは、当番活動にして、みんなが経験できるようにしている。責任感を育む機会になっている。

なにが問題？

## ● 子どもの社会性を育てたい

当番活動として子どもが一定の仕事や役割を果たすことで、子どもの社会性を育てたいというねらいがあります。特に4～5歳児には、周囲のいろいろなことにも目を向けてほしいと思っています。

## ● 子どもの生活体験を大事にしたい

子どもが日常的に手伝ったり、生活する中で体験したり学んだりする機会が減少しているため、当番活動を通して体験することを大事にしています。

問題はココ！

# 考えることの少ない当番は意味がない

当番活動が子どもの責任感を育て、社会性の発達につながるということに異論はありません。問題は、決まりきった仕事が引き継がれている、当番活動が実生活に応用されない、子どもの義務になっているケースがあることです。

「当番だから」ではなく、例えば、土が渇いているから水をやる、誰もえさをやっていないからやる、スリッパがバラバラになっているから直すなど、子どもが自分で気づいて行うことにつながらなければ意味がありません。また、今日は当番ではないという理由でできなくなり、やりたいと思う気持ちを阻害する可能性もあります。

また、配膳など、年下の子どもにお世話をする当番などは、年下の子どもが「できること」をやってあげてしまうことにもなります。

Part2 保育のねらい

85

コレで解決！

何が人の役に立つかを
子ども自身が考える

## 手伝いを遊びに

子どもは大人がしていることに興味をもちます。大人が掃除をしている、何かを洗っている、畑仕事をしているときなどに興味を示したら、すかさず一緒にできるように準備をしましょう。用具も揃えておきましょう。

## 当番での経験が日常生活に
## つながっているかを見直す

当番活動は、やっているかやっていないかではなく、日常生活につながっているかどうかが大切です。

例えば、当番活動でテーブルや床を拭く経験があれば、自分でこぼしたときにどう処理してよいかがわかります。そのような日常とのつながりの視点で、当番活動を見直してみましょう。

## お節介しすぎていないか考える

お茶を注ぐ、食事を配膳する、着替えを手伝う……。ほかの子どものできることを代わりにやってあげる当番は、「お節介」で、やってもらう側に教育的価値はありません。

## 当番活動は子どもが見つける

どのような当番活動がよいか子どもが考えましょう。一度決めた当番活動も、本当に必要かどうか見直します。

飼育係や花壇の水やりなど、園としての仕事については、保育者間で相談して、分担を決めましょう。

にこルール
03

# 室内と外を遊びで"地続き"に

　3歳児クラスで、数人の子どもが丸めた新聞紙を柱にして家を作っていました。子どもたちは空き容器をヘルメットのように被り、工事現場の人になりきって、夢中になって組み立てていました。屋根にブルーシートをかけ、午前中いっぱいかけて家ができました。子どもたちはその家の中で昼食を食べ、とても満足そうでした。

　その日の振り返り（園内研修）で、「子どもがそんなに夢中になったのなら、外でも継続できたらいいね」という意見が出ました。さっそく、外でも「家づくり」ができる環境を用意しました。保護者からもらった木材を置き、のこぎりで切り、金づちで釘を打ちつけて本格的な家を数週間かけて作っていきました。

　子どもが中心となり、大人も手伝いながら、ついに家が完成しました。室内遊びと外遊びをつなげることで、子どもの興味・関心が持続していきます。

東金市立第1保育所（千葉県）

# 「こども会議」で話し合い

　卒園を控えた2月のある日、園庭で遊んでいるときに、5歳女児のDは、「1年生になったら私、（下に）子どもがいないから（保育園に）来られない」と言いました。「来るチャンスはないかなあ？」と返すと、「ママに『赤ちゃん生んで』って言ったんだけど、生んでくれないんだもん……」と言いました。

　研修の際、こうしたDの発言から、Dの心情を考えました。そして、子どものちょっとした"つぶやき"を拾っていくことが大切であることを確認しました。

　その後、保育者は小グループでの話し合い「こども会議」でこのことを取り上げ、卒園した後もどうしたら保育園に来られるか、みんなで考えました。

＊園では、これまで「こども会議」を定期的に行ってきました。例えば、「フワフワ言葉とチクチク言葉」「うれしい気持ちと悲しい気持ち」「大きくなったら結婚したいか」など、そのときの子どもの興味・関心に合わせた内容を話します。

社会福祉法人風の森 風の子保育園（千葉県市原市）

# 子どもには、できるだけ 失敗させない

折り目が 曲がっちゃってるよ〜

「できた！」経験が、次への意欲を生む。できるだけ「できた」 経験をさせたい。

なにが問題？

## ● 成功体験が自尊感情を育む

成功体験により自信をつけることが、自尊感情が育つために重要な要素です。成功体験を通じて、ものごとに挑戦したり前向きに取り組んだりできるように援助します。それが保育者の力量だと考えています。

## ● 保護者に子どもが成功した姿を見せたい

子どもが試行錯誤する姿より、子どもが成功した姿のほうが、保護者に子どもの成長をわかりやすく伝えられると思っています。

## 問題はココ！ 子どもが試行錯誤する機会を奪うかもしれない

保育者が先まわりをして失敗を防いだり、ゴールまで行き着く最短の手順を示したりすると、子どもは成功をイメージして練習したり、試行錯誤しながら作り上げたりすることができません。

うまくできなかったり、すんなりと進まなかったりする場面は、子どもが自ら考え、試行錯誤しながら学ぶチャンスです。

Part3 保育者の専門性

失敗か成功かではなく、子どもの試行錯誤の学びに価値を見出す

## 子どもの試行錯誤に寄り添う

「流しそうめんを作りたい」「回転寿司を作りたい」「でもうまくいかない……」。子どもはうまくいかないことがあっても、挑戦し続けることで成功に到達することもあります。"失敗は成功の母"ともいわれます。保育者は、子どもの葛藤や試行錯誤のプロセスを受け止め、楽しめるような関わりをしていきます。

## 一緒に考える存在や「モデル」が必要

うまくいかないときに、ヒントになるような「モデル」や一緒に考える存在が必要です。年上の子どもや保育者の適切な関わりが、試行錯誤の学びを支えます。

コラム チェック

### ▼ 試行錯誤の学びとは

アメリカの心理学者・E.L. ソーンダイク（1874〜1949）は、様々な試行を行う中で正と誤の反応をくり返すうち、偶然の解決にたどりつく「試行錯誤学習モデル」を提唱しました。失敗をくり返す中で徐々に失敗が減り、正しい行動が身についていくことが、実験によって示されたのです。

54ページの「にこルール01」は、保育現場における試行錯誤の学びの事例の一つです。

# 室内は走らない

室内は、走らないのがルールでありマナー。走る子がいたら「危ないよ」と注意する。

**なにが問題？**

## ● 子どもの安全に配慮

室内は狭く、家具なども置かれており、走ると危険です。子ども同士でぶつかって、けがをする可能性もあります。

## ● マナーとしてあたりまえ

そもそも室内は走る場所ではありません。「室内は走らない」というのは、社会生活を送るうえで重要なルールであり、マナーです。ごくあたりまえのこととして、子どもに伝える必要があると考えています。

# 環境がそうさせていることに気づいていない

　子どもが走るのは、室内の環境がそうさせているからです。がらんとした、よりどころのない空間が、子どもの走るという行動を促しているのです。このように環境によって人の行動が引き出されることを、アメリカの心理学者・J.J.ギブソン（1904〜1979）は「アフォーダンス*」としました。原因は環境にあることに気づかず、ただ「走るな」と言っても、子どもは走ることをやめないでしょう。

　同じように、「かみつきが多い」「うるさい」「落ち着かない」「話を聞かない」など、保育者にとって好ましくない状況を"子どものせい"にしてしまうことがあります。環境がそうさせていると考えると、原因がはっきりするかもしれません。

＊97ページ参照

コレで解決！

環境を変えると
子どもの動きが変わる

## なぜその動きが出るのかを分析する

環境には、もの・人・自然・社会の事象の4つの要素があります。子どもの動きの原因となる環境（配置やもの、人など）を見直し、なぜそうなっているのかを分析し、どうすればよいか検討します。

## 環境を見直し、子どもが過ごしやすくする

子どもがつい走りたくなるような、がらんとした空間をなくします。子どもの興味・関心に合わせた遊びのコーナーを設置したりします。

## 人も環境の一つととらえる

保育者の動きは子どもに大きな影響を与えます。子どもが落ち着かない原因は、保育者自身にあるかもしれません。

---

### コラム チェック

#### ▼ 環境構成の際は「アフォーダンス」を意識

環境の様々な要素が動物に影響を与え、行動を引き出す作用を「アフォーダンス」といいます。いすがあったら「座る」、ドアノブがあったら「ひねる」という行動がしぜんに生まれてくるといったことです。がらんとした空間からは「走る」という行動が引き出されます。環境構成を考える際は、「アフォーダンス」を意識してみてください。

# 自己評価＝チェックリスト

保育の改善

保護者との連携

専門性の向上

自己評価は、ガイドラインに則って、チェックリストを活用。
保育者の自己評価の平均点を出し、保護者に伝える。

なにが問題？

## ● 自己評価をすることが求められている

保育の自己評価を行い、その結果を公表することが、幼稚園や保育所、こども園に求められています。

## ● 行政のガイドラインでチェックリストが推奨

行政が出しているガイドラインに、チェックリストを用いた自己評価のやり方が示されています。行政監査において、チェックリストを推奨している状況もあります。

## ● 人事考課に用いやすい

チェックリストでの評価を数値化することで、外部に公表しやすいほか、人事考課に用いやすいということもあります。

問題はココ！

# チェックするだけではその後の改善につながらない

　自己評価は園や自分の強みや弱みを明らかにし、強化や改善に生かすものです。チェックリストだけでなく一定期間の記録を振り返るほか、園内研修を行うなどしながら進めていくことも可能です。保護者や関係者には、園の強みや弱みが具体的に伝わるような公表の仕方が求められています。チェックリストでの自己評価は取り組みやすい反面、具体的な課題や改善が見えてきません。

Part3

保育者の専門性

コレで解決！

園の保育の強み、弱みを
誰もが認識できるようにする

## 自己評価の意義を確認

　自己評価＝チェックリストではありません。自己評価は、園や保育の「よさや課題」（強みや弱み）を見出し、改善につなげる行為です。その取り組みが自己評価となることを認識し、園に合った方法を検討しましょう。

## 「なぞルール」研修を行い、評価につなぐ

　それぞれが「なぞルール」をさがし、園内研修で「なぞルール」の改善を検討し、その過程をまとめることは、自己評価となります。園の保育の「なぞルール」をさがし、評価に結びつけましょう。

---

### コラム チェック

### ▼ チェックリスト式ではない自己評価を市のHPで公表

　千葉県東金市の市立保育所・認定こども園では、平成29年度より全園の共通テーマおよび各園のサブテーマに沿った園内研修を行っています。巡回指導という外部の視点を活用してまとめた研修の成果と園の課題は、自己評価として東金市のHPに公表されています。チェックリストではない自己評価として、ぜひ参考にしてください。

東金市立保育所・認定こども園の自己評価の公表について
https://www.city.togane.chiba.jp/0000009127.html

# 加配は「◯◯さんの先生」

先生は
あの子だけの先生…

支援の必要な子どもの個別的な支援を行っている加配の保育者は、その子どもの日常生活や遊びなどがスムーズにいくように支援している。

なにが問題？

### ● 対象となる子どものケアをすることが仕事

加配の保育者の基準や業務内容は自治体によって変わります。対象となる子どもの状況にもよりますが、子ども一人に加配保育者などがつくケースもあります。

子どもが園生活を送りやすいようにケアをすることが業務の内容なので、クラスのほかの子どもにとっても、「○○さんの先生」という位置づけとなります。

# ほかの子どもとの
# 関わりを阻害してしまう

　加配の保育者は、対象となる子どもと信頼関係を築き、その子どもが困ったときに援助できるよう常に見ている必要があるので、その子どもは安心・安全に園での生活を送ることができます。一方で、子どもと加配の保育者の距離の近さが、対象の子どもがほかの子どもに関わるときや、ほかの子どもが対象の子どもに関わるときに影響することがあります。

　イギリスの精神科医・D.W.ウィニコットがいう「good enough（グッドイナフ＝ほどよい距離感）」を保つことが求められます。ほどよい距離感とは、子どもが困っているなど必要としているときに近づき、困っていないときには離れていられる関係性のことです。

コレで解決！

成長や場面に応じて、ほどよい距離で関わる

## 「専属の通訳」にならないようにする

　加配の保育者が対象の子どもの「専属の通訳」のように
ならないようにします。ほかの子どもとの関係性にも気を
配り、いろいろな子どもと関われるようにし、ときにはあ
えて距離をとって見守ります。

## クラス運営は保育者が協働しながら

　クラス運営は、集団で活動できる子どもたちを一人の保
育者が引っ張り、集団で活動できない子どもを加配の保育
者が手助けしながら、その集団に追いつけるように働きか
けることではありません。「いろいろな子どももいる」こ
とを子どもが互いにメリットにし、育ち合える関係をつく
ることです。

　そのために保育者は、リーダーであろうと補助であろう
と、クラス全体のことも、一人ひとりの子どものことも理
解し、協働していく必要があります。

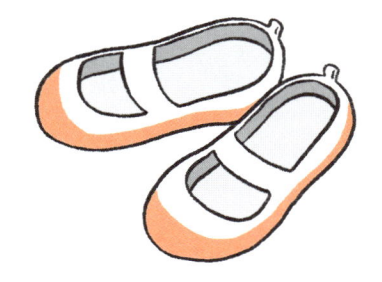

# 保育者は子どもの よい手本

○○さん
おはようございます

子どもは保育者の姿を見ているので、子どもの手本となるように、正しい言葉づかいや立ち居ふるまいを意識している。ふざけたりなんてとんでもない！

**なにが問題？**

## ● 保育者も人的な環境の一部

保育所保育指針や幼稚園教育要領には、環境を通した保育の重要性が明記されています。環境とはもの・人・自然・社会の事象を指します。保育者の存在は、子どもにとって人的な環境の一部です。正しい言葉づかいや立ち居ふるまいに常に気を配ることが求められています。

## ● 子どもは大人の模倣をする

子どもは身近な大人のまねをすることで、社会的スキルを身につけていきます。子どもにとって最も身近な大人は保護者、次に保育者です。保育者は子どもから見られていることを常に意識して、正しく美しくあらねばならないと思っています。

# 保育者の「モデルになる」関わりは、いろいろある

保育者が子どものモデルになることは、もちろん礼儀正しさや所作の美しさという一面があります。また、ものを大切に扱う、正しい言葉を使うなどは、子どものモデルにならなくてはいけません。しかし、この「モデル」という援助にはいくつかの側面があります。

| | |
|---|---|
| 遊びのモデル | こまや絵、運動など年長児が憧れるようなモデル |
| 感情表出のモデル | うれしさや悲しさ、くやしさなどの表現のモデル |
| 姿勢のモデル | 夢中になったり熱中して取り組んだりするモデル |
| 価値観のモデル | 考え方、ものの見方などのモデル |
| おかしみのモデル | おどけたり、ふざけたり、楽しみのモデル |

コレで解決！

子どものモデルとしての
自分を意識する

## 非言語的コミュニケーションを意識する

　子どもとの関わりに、直接的な言語的コミュニケーションは、25%程度にすぎません。ほかは、非言語的（ノンバーバル）コミュニケーションといわれています。

　保育者は、子どものモデルとしてのノンバーバルコミュニケーション（どう立ち居ふるまうか）が問われています。

## 子どもの遊びのモデルとなる

　保育者は、子どもの興味・関心をひくような遊びをさりげなく子どもの横で行ってみる、子どもが憧れるような遊び方をやってみせるなどして、子どもの遊びのモデルになる必要があります。思いきり楽しんだり、懸命にやったりする姿を見せることも大切です。

## おかしみを共有する

　心理学者・ヴァスデヴィ・レディは、大人と子どもの「おかしみの共有」を重視しました。子どもと一緒に笑い合ったり、ときにふざけたりおどけたりすることで、子どもの興味・関心が高まることがあります。

# 「気になる子」だから 仕方がない

「気になる子」が年々増えてきた。着替えや食事、様々な活動を、みんなと同じスピードでできなくても仕方がない。

なにが問題？

## ● 気になる子どもが増えている

保育の現場で、「気になる子」が増えているという現状があります。発達障害だけではなく、中には親の関わりが適切ではなかったり、生活リズムが乱れていたりするために、粗暴さや落ち着きのなさなどの困った状況が現れている子どももいます。現場では、そのような子どもをひとまとめにして「気になる子」としがちです。

**問題はココ！ レッテルを貼ることで子どものせいにしてしまう**

「気になる子」とレッテルを貼ると、困った状況が子どものせいになり、保育の課題に気づけません。また、その子どものネガティブな面しか見えなくなり、ポジティブな面に気づけなくなります。

保育者が、「困った子」という見方をするのは、その子がある活動に参加できなかったり、伝えたいことが伝わりにくかったり、同じことをくり返したり、自分の思いに沿ってくれないからではないでしょうか。それらは、実は「困っている」というサインを出している姿です。その子どもの困りごとを理解し取り除くと、行動が変化するかもしれません。

"困った"状況は、クラスのあり方や保育のあり方を見直す機会です。保育を見直していけば、"気になる子"は、限りなく少なくなるはずです。

Part3 保育者の専門性

コレで解決！

なぜ気になるのか
クラスや保育の課題として
とらえてみる

## レッテルは貼らず、フラットにその子どもを見る

「気になる子」というレッテルはいったん外し、その子どもの個性をよく観察しましょう。

自分ははたして、どういった場面でどのように「気になっている」のかをよく吟味しましょう。保育のスタイルや自身の言葉、ほかの子どもとの比較や相対評価ではなく、その子を個別的にとらえましょう。

## 行為の意味を考える

その子どもがなぜその行為をしているのか。その子どもの内面を掘り下げ、生育歴も参照しながら行動をとらえることで理解していく必要があります。

## 子どもの困り感について援助する

保育者が困っているという視点ではなく、子どもが困っているという視点で見るようにします。子どもが困っているのなら、どうしたらその困り感をなくせるのか考えて援助します。

# 意見が分かれたら多数決

子ども同士の話し合いでものごとを決めるとき、意見が分かれると多数決になりがち。

なにが問題？

## ● 子どもの主体性を大切にしている

非認知能力を育てるためにも、保育の中で子どもの主体性を大切にすることが重んじられています。

## ● 不適切な保育にならないようにしている

子どもの人権擁護の観点から、不適切な保育が問題視されています。子どもの意見を聞くことで、不適切な保育にならないようにしようという思いがあります。

## ● 子どもの意見表明権を重視

「こども基本法」（2023年4月施行）には、子どもの権利条約の理念が取り入れられており、重要視されているのが、「子どもの意見表明権」です。すべての子どもに社会参画の機会が確保されなければならないとして、子どもの意見を聞くことの大切さが注目されています。

 問題はココ！

# 多数決は民主主義とは違う

　集団生活において、安易に多数決を取る場面があります。遊び、係、活動などを、いつも多数決で決定してよいのでしょうか。田辺俊介によれば、民主主義とは、民衆による支配を正統とする政治体制です。決め方は様々あり、例えば、"直接民主制"は答えが一致するまで話し合うスタイル。"間接民主制"は多数決が用いられることが多くなります。少数意見も切り捨てないのが、真の民主主義です。少数意見が切り捨てられれば、「多数者の専制」になります。

Part3　保育者の専門性

コレで解決！

# 少数意見をどう扱うか
# みんなで考える

## いったん話し合いの場にのせる

保育者から見て実現不可能でも否定せず、話し合いの場にのせます。そして、「○時間かかると思うけれど、どうかな」「みんなの力が必要かもしれないけれど、声をかけてみる？」などと伝え、子どもと一緒に考えましょう。

## 少数意見も取り入れながら話し合う

声が大きい子ども、多数派に属する子どもの意見だけではなく、少数意見も大切にするために、一人ひとりの声を聞きます。少数意見も含めて十分に話し合い、意見をミックスするなど落としどころを見つけます。時間はかかりますが、みんなで考える経験が民主主義の心を育てます。

### コラム エピソード

### ▼ 話し合いの経験が生きた

園内研修の際、「集まりのときに子どもたちがあまり落ち着かない」という話が出て、「少人数での話し合いをしてみたら」という提案から、4・5歳児のクラスで「話す」こども会議の時間を設けました。保育者が入り、5歳児は5人グループ、4歳児は3〜4人グループで、楽しい話をするところから始めました（そのうち4歳の誕生日を迎えた3歳児も）。あるとき本が破れていることに気づいた5歳児が、破れた本をどうするか大人のいないところで話し合っていました。まさに、重ねてきた経験を自分たちの日常に応用しようとした瞬間でした。（風の子保育園）

関連エピソード・写真：にこルール04（89ページ）

# 子ども発の遊びには手を出さない

自由遊びの時間は、何より子どもが安全に遊べるよう見守り、手を出さない。

**なに**が問題？

## ● 遊びを提案するのが保育者の役目

クラスの子どもの発達や興味・関心に合わせた魅力的な遊びを提案することは、保育者の役目だと考えています。

## ● 指導計画どおりに進めたい

子どものなにげない言葉や遊びに時間をとられていると、指導計画どおりに保育が進みません。なるべく指導計画に沿った保育を行うことが望ましいと思っています。

## ● 子どもの遊びをじゃましたくない

子どもが主体的に遊んでいるときは、その遊びをじゃましないよう、保育者は余計な関わりをしないようにしています。

## 問題はココ！ 子どもが生み出す遊びの すごさに大人が気づかない

　保育者が提供する活動や遊びなど、指導計画どおりの保育にこだわっていると、子どもの遊びはそれ以上には広がりません。子ども発の遊びは、ときにすばらしい広がりを見せることがあります。保育者が子どもの遊びの"すごさ"に気づかず、その意味を見つけられなかったり、広がりのチャンスを失ってしまったりすることは、子どもの学びを深められず非常に惜しいことです。

Part3 保育者の専門性

コレで解決！

子どもから始まる遊びを
おもしろがる

## 子どもの遊びに注目する

保育者は、子どものなにげない言葉や遊びに注目しましょう。そして、その遊びにはどのような意味があるか、なぜその遊びが始まったのか、どう発展していくのか、検証してみましょう。

## 子どもの遊びとの関わり方を考える

保育者は、その遊びを「見守る」のか、一緒に入って「共同作業者」となるのか、必要なものを出すなど「環境の再構成」をするのか、遊びが広がるような「モデル」となるのか、適切な関わりを考えます。

適切な関わりで子どもの遊びがもっと広がることもあります。子ども発の遊びに保育者はどう関わるか、あるいは関わらないかを考えます。

### コラム　エピソード

#### ▼一人遊びが保育者の働きかけで集団遊びに発展

電車が好きな子どもが保育室で、一人で黙々と線路をつくっていました。保育者がその遊びに注目し、線路を廊下やホール、ほかのクラスにまで広げてみることになりました。次第に人数が増え、線路が園内中に広がりました。駅を作る子も出てきました。保育者が子どもの興味・関心をうまく拾い、広げていった事例です。

# 保護者とは子どもを
# 最優先すべき存在

保護者はみんな子どもの親なのだから、何をさしおいても子どもに向き合ってほしい。

なにが問題？

## ● 保育者は子どもファースト

保育者は子どもを最優先にして考えており、子どもに不利益があったり、親子関係が子どもにとってよくない状況にあったりすると、保護者が変わることを願います。

## ● 保護者は子どもの幸せを願うもの

保育者は、保護者が子どもを愛し、最優先し、大事にすることを望んでいます。ですから、目の前で子どもが保護者から怒られたり、保護者によって子どもが不利益を被ったと感じると、その保護者に対してネガティブな印象をもちます。

## 問題はココ！ 子どもの不利益が保護者批判や否定につながる

保育者が子どもファーストの感覚をもち、良好な親子関係を望むことは間違っていません。問題は、保護者の言動によって子どもにしわ寄せがあるときに、それが保護者批判や否定につながる傾向があることです。

いったん「困った親」というレッテルを貼ると、その保護者のよい面に気づきにくくなります。また、保護者の子どもへの思いを汲み取れなくなってしまいます。

Part3 保育者の専門性

コレで解決！

いかなる保護者も
否定、非難しない

# 保護者の
# ストロングポイントを見つける

人は誰もがストロングポイント＝強みをもっています。それを見つけて、発揮してもらう場をつくりましょう。

仕事や趣味など、保護者の得意分野を生かせる場が、園の中にもあるかもしれません。見つけて力を貸してもらい、対等な立場で園との信頼関係を築いていきましょう。

# 保護者の行動の背景を知る

園や保育者にとって困った行動をとる保護者を、「困った保護者」と見るのではなく、その行動の背景に目を向けてみましょう。その人が何にどのような思いをもっているのか、本当はどうしたいのか、その人のよさは何かを、関わりながら探していくことが大切です。

必要に応じて個別に対話の時間をつくりましょう。その際、「バイスティックの7原則」*を参考にするとよいでしょう。

＊142ページ参照

## コラム チェック

## ▼子どもの育ちに影響が出ている場合は、関係機関と連携を

保護者の行動の背景に目を向ける中で、次のような理由が見られたときは、関係機関との連携が必要です。

- ●育児不安や軽度の虐待　●貧困、家庭内の暴力
- ●保護者の困難が子どもに影響しているケース

# 保育は先輩から「型」を見て学べ

伝統的に新人保育者の育成は指導係が行う。指導係は、自分が育てられたように"背中で語り"ながら新人を育てる。

なにが問題？

## ●「学ぶは真似ぶ」という伝統がある

「学ぶ」の語源は「真似ぶ」ともいわれ、日本の武道や芸事ではそれがよいことだとされてきました。まずは先輩が手本とすべき「型」を示し、新人はそれをまねしてみようとします。

## ● 先輩は忙しそうで聞きづらい

わからないことがあっても、ねらいや意図を聞きたくても、忙しそうな先輩に聞くのは気がひけるという遠慮があります。

 問題はココ！

# 「見て学べ」は、育成を放棄している

「型」のみを見て学ぶことの最大の問題点は、保育の意図やねらいが伝わらないことです。見ただけでは表面的な動きや手順などの「型」しか学べず、どの子どもにも、どのような状況でも、同じような働きかけや援助をすることになります。

育成の目的は、同じ場面で同じ保育ができるようになることではなく、似た状況に置かれたとき、自分で考えて自分で判断し、行動できるようにすることです。そのためには、積極的に意味や意図を伝える必要があります。

また、ときには難しさや苦悩を伝えることも必要です。"考えるモデル""弱音を吐けるモデル""疑問をもつモデル"として、正解を追い求める姿を示してもよいでしょう。

コレで解決！

相手が理解できるよう
対話を通して伝える

## 状況に合わせてやり方だけでなく意図や意味も伝える

　保育のやり方については、根拠やねらいも伝えていきます。相手が理解できているかどうか、対話を通して確認することも大切です。

　伝える相手の経験や技術などを考慮し、相手が理解できるよう伝え方を工夫します。1年目の人と、10年目の人に言えることは異なります。

## 「伝える」ことだけに注力しない

　相手に伝えたいことが伝わるには、次のポイントを大切にします。

- ・まず、信頼関係をつくる
- ・一方的に伝達するのではなく、相手の理解していることや思いを確認する
- ・言葉にならない言外のメッセージを言葉にする
- ・自身の相手への思いや怒り、叱責を吟味する

## 「なぞルール」研修で、考える姿を示す

　正論ばかり伝えるのではなく、園の保育や自身の実践について、本当にそれでよいか、あるいは根拠は何かと考え、学ぶ姿を率先して見せましょう。

## にこルール 05

# 手つかずの自然を見つけ、保育に生かす

　あるとき、子どもと保育者は散歩コースの先に自然あふれる場所を見つけました。その場所には、竹の倒木や子どもが登れる木、ぶら下がれそうな蔦、藪、虫、実など、手つかずの自然のみがありました。子どもたちはその場所を気に入り、「ぶらんこ森」と名づけて、くり返し通うようになりました。

　ぶらんこ森では、ターザンのように蔦にぶら下がったり、U字に垂れた蔦に乗ってぶらんこのように揺れたり、秘密基地を作ったり、竹を切ったり、カマキリの卵を見つけたり、赤い実をとったり、いろいろなことができました。園内研修の日、保育者が「ぶらんこ森に行きたい人いる？」と子どもに誘いかけると、3～5歳児の子ども全員がぶらんこ森行きを選択しました。森では、子どもたちはもちろん、保育者も生き生きとしていました。

東金市立福岡こども園（千葉県）

にこルール
06

# 自動販売機を作る

　保育者は、室内にウォーターサーバーと絵の具を用意して、色水遊びができる環境を構成しました。そこで5歳児が絵の具で色水を作り、それをジュースに見立ててごっこ遊びをしていました。

　遊びが停滞してきたころ、子どもが2人で、ジュースを売る自動販売機を作ろうと設計図を描き始めました。保育者は、子どもの求めに応じて段ボールを出しました。参加する人数が増え、なんとなくイメージを共有しながら自動販売機作りが盛り上がっていきました。

　ジュースを収納して、取り出せるしかけを作り、お金を入れられるようにしました。色を塗る子ども、お金を作る子どもも出てきて、協同しながらオリジナルの自動販売機を完成させました。

睦沢町立睦沢こども園（千葉県）

# 「なぞルール」チェックリスト

（カテゴリー別）

これまで紹介した「なぞルール」をまとめました。
「なぞルール」をさがす参考に、または、研修での
話し合いの資料としてもご活用ください。

各項目右の数字は、以下の書籍での掲載ページです。
Ⅰ:『見直そう！ 保育現場の「なぞルール」』
Ⅱ:『まだまだあるぞ！ 保育現場の「なぞルール」』

・・・・・・・・・・・・・・・・・・・・・・・・

## ① 園のタイムスケジュールや行事、家具やものの選択、配置などに関わるもの

- ☐ 5歳になったら〇〇にチャレンジ！　　Ⅰ-26
- ☐ 園行事は不可欠　　Ⅰ-30
- ☐ 「遊び」も時間内に終わらせる　　Ⅰ-36
- ☐ 乳児と幼児は時間と空間を分ける　　Ⅰ-40
- ☐ 凧あげ、コマ回しは1月の遊び　　Ⅰ-56
- ☐ クラスの1日は朝の会からスタート　　Ⅰ-66
- ☐ 活動前にはトイレタイム。並んで順番に　　Ⅰ-70
- ☐ 眠くない子どもも全員で午睡　　Ⅰ-78
- ☐ 保育参観はいつも通りの保育を行う　　Ⅰ-104
- ☐ 進級接続は3月になってから　　Ⅰ-126

・・・・・・・・・・・・・・・・・・・・・・・・

## ② 保育者の言葉や態度などに関わるもの

「なぞルール」チェックリスト

# ●「なぞルール」見直しシート（行事）(p.21)

| 期 | 行事 | 必要か否か |
|---|---|---|
| 1期 | | |
| 2期 | | |
| 3期 | | |
| 4期 | | |

| 改善に向けた取り組み |
|---|
| |

## ●「なぞルール」見直しシート (p.22)

| テーマとする「なぞルール」 |
| --- |
| |

| ルールのできた背景や要因・根拠 |
| --- |
| |

| ルールのどこが問題か、本来どうあるべきか |
| --- |
| |

| どうしたらルールを改善できるか |
| --- |
| |

テーマとする「にこルール」

何がどうよいのか

# 保育者の役割 (p.33)

幼稚園教育要領解説
▶ 第 4 節　3　指導計画の作成上の留意事項

## (7) 教師の役割

（7）幼児の主体的な活動を促すためには，教師が多様な関わりをもつことが重要であることを踏まえ，教師は，理解者，共同作業者など様々な役割を果たし，幼児の発達に必要な豊かな体験が得られるよう，活動の場面に応じて，適切な指導を行うようにすること。

　幼児期の教育は，生涯にわたる人格形成の基礎を培うものであり，教師の担う役割は極めて重要である。教師は，幼児の発達の過程を見通し，具体的なねらい及び内容を設定して，意図をもって環境を構成し，保育を展開しなければならない。その際，幼児の主体性を重視するあまり，「幼児をただ遊ばせている」だけでは，教育は成り立たないということに留意すべきである。教師は，主体的な活動を通して幼児一人一人が着実な発達を遂げていくために，幼児の活動の場面に応じて様々な役割を果たさなければならない。教師の主な役割としては次のようなものが挙げられる。

　まず，幼児が行っている活動の理解者としての役割である。集団における幼児の活動がどのような意味をもっているのかを捉えるには，時間の流れと空間の広がりを理解することが大切である。時間の流れとは，幼児一人一人がこれまでの遊びや生活でどのような経験をしているのか，今取り組んでいる活動はどのように展開してきたのかということである。これらを理解するには，幼稚園生活だけではなく，家庭との連携を図り，入園までの生活経験や毎日の降園後や登園までの家庭での様子などを把握することが大切である。また，空間的な広がりとは，自分の学級の幼児がどこで誰と何をしているのかという集団の動きのことであり，これらを理解するには，個々の幼児の動きを総合的に重ね合わせ，それを念頭に置くことが大切である。

　また，幼児との共同作業者，幼児と共鳴する者としての役割も大切である。幼児は自分の思いを言葉で表現するだけではなく，全身で表現する。幼児に合わせて同じように動いてみたり，同じ目線に立ってものを見つめたり，共に同じもの

に向かってみたりすることによって，幼児の心の動きや行動が理解できる。このことにより，幼児の活動が活性化し，教師と一緒にできる楽しさから更に活動への集中を生むことへとつながっていく。

　さらに，憧れを形成するモデルとしての役割や遊びの援助者としての役割も大切である。教師がある活動を楽しみ，集中して取り組む姿は，幼児を引き付けるものとなる。「先生のようにやってみたい」という幼児の思いが，事物との新たな出会いを生み出したり，工夫して遊びに取り組んだりすることを促す。幼児は，教師の日々の言葉や行動する姿をモデルとして多くのことを学んでいく。善悪の判断，いたわりや思いやりなど道徳性を培う上でも，教師は一つのモデルとしての大きな役割を果たしている。このようなことから，教師は自らの言動が幼児の言動に大きく影響することを認識しておくことが大切である。是非善悪を理解させたり，生活上のきまりに気付かせたり，それを守らせたりすることについては，幼児一人一人の発達に応じ，体験などを通して理解させ，進んで守ろうとする気持ちをもたせることが大切である。

　さらに，幼児の遊びが深まっていかなかったり，課題を抱えたりしているときには，教師は適切な援助を行う必要がある。しかし，このような場合でも，いつどのような援助を行うかは状況に応じて判断することが重要である。教師がすぐに援助することによって幼児が自ら工夫してやろうとしたり，友達と助け合ったりする機会がなくなることもある。また，援助の仕方も，教師が全てを手伝ってしまうのか，ヒントを与えるだけでよいのか，また，いつまで援助するのかなどを考えなければならない。一人一人の発達に応じた援助のタイミングや援助の仕方を考えることが，自立心を養い，ひいては幼児の生きる力を育てていくことになる。

　このような役割を果たすためには，教師は幼児が精神的に安定するためのよりどころとなることが重要である。幼稚園は，幼児にとって保護者から離れ，集団生活を営む場である。幼稚園での生活が安定し，落ち着いた心をもつことが，主体的な活動の基盤である。この安定感をもたらす信頼のきずなは，教師が幼児と共に生活する中で，幼児の行動や心の動きを温かく受け止め，理解しようとすることによって生まれる。その時々の幼児の心情，喜びや楽しさ，悲しみ，怒りなどに共感し，こたえることにより，幼児は教師を信頼し，心を開くようになる。

　実際の教師の関わりの場面では，これらの役割が相互に関連するものであり，状況に応じた柔軟な対応をすることが大切である。そのためには，教師は多角的な視点から幼児の姿を捉えることが必要である。幼児と生活を共にしながら，幼児との対話を通して一人一人の特性や発達の課題を把握し，目前で起こっている

出来事からそのことが幼児にとってどのような意味をもつかを捉える力を養うことが大切である。教師は幼児と関わる中で，幼児の感動や努力，工夫などを温かく受け止め，励ましたり，手助けしたり，相談相手になったりするなどして心を通わせながら，望ましい方向に向かって幼児自らが活動を選択していくことができるよう，きめ細かな対応をしていくことが大切である。

# 幼児教育において育みたい ３つの資質・能力 (p.57)

保育所保育指針解説
▶ 第1章　4　幼児教育を行う施設として共有すべき事項

## （1）育みたい資質・能力

ア　保育所においては、生涯にわたる生きる力の基礎を培うため、1 の（2）に示す保育の目標を踏まえ、次に掲げる資質・能力を一体 的に育むよう努めるものとする。

（ア）豊かな体験を通じて、感じたり、気付いたり、分かったり、できるようになったりする「知識及び技能の基礎」

（イ）気付いたことや、できるようになったことなどを使い、考えたり、試したり、工夫したり、表現したりする「思考力、判断力、表現力等の基礎」

（ウ）心情、意欲、態度が育つ中で、よりよい生活を営もうとする「学びに向かう力、人間性等」

イ　アに示す資質・能力は、第2章に示すねらい及び内容に基づく保育活動全体によって育むものである。

　保育所においては、保育所の生活の全体を通して、子どもに生きる力の基礎を培うことが求められている。そのため、1 の（2）に示す保育の目標を踏まえ、小学校以降の子どもの発達を見通しながら保育活動を 展開し、保育所保育において育みたい資質・能力を育むことが大切である。

　幼稚園教育要領解説　第1章第2節
　幼保連携型認定こども園教育・保育要領解説 第1章 第1節 3(1)

資料

# バイスティックの7原則 (p.125)

① **個別化の原則**
「今どきの親（子）」と見ない。この人は「何に困っている親（子）」
「○○くんのお母さん」ではなく「○○さん」

② **意図的な感情の放出の原則**
もし話せたら、悲しい・辛い・苦しいなどの感情を引き出し、
なるべく表現できるようにする

③ **統制された情緒的関与の原則**
援助者は自分自身の相手への感情や思いを振り返りながら関わる

④ **受容の原則**
その人の思いや考えをすべて肯定的に受け止める

⑤ **非審判的態度の原則**
こちらが○×はつけない（審判しない・決めつけない）

⑥ **自己決定の尊重の原則**
決めるのはあくまでも本人・選択肢を提示する

⑦ **秘密保持の原則**
個人的な情報は絶対に誰にも漏らさない

## 参考文献

磯部裕子・山内紀幸『幼児教育知の探究1 ナラティヴとしての保育学』萌文書林,2007
青木久子『新保育者論 子どもに生きる』萌文書林,2020
小川博久『遊びの探究――大人は子どもの遊びにどうかかわりうるか』生活ジャーナル,2001
森上史朗『幼児教育への招待 いま子どもと保育が面白い』ミネルヴァ書房,1998
石井章仁『エピソードでわかる！ クラス運営に役立つスキル』中央法規出版,2018
尾崎新『ケースワークの臨床技法「援助関係」と「逆転移」の活用』誠信書房,1994
F.Pバイステック著／尾崎新・福田俊子・原田和幸訳
　　『ケースワークの原則〔新訳改訂版〕援助関係を形成する技法』誠信書房,2006
ヴァスデヴィ・レディ著／佐伯胖訳
　　『驚くべき乳幼児の心の世界「二人称的アプローチ」から見えてくること』
　　ミネルヴァ書房,2015
柴崎正行『保育における発達の探究』相川書房,1996
野井真吾
　　「光・暗闇・外遊びで健やかに！」「東京都公立保育園研究会 2022年度（4）VOL262」
　　pp21-37, 2023
厚生労働省「保育所における自己評価ガイドライン（2020年改訂版）」2020年3月
厚生労働省「保育をもっと楽しく～保育所における自己評価ガイドラインハンドブック」2020年3月
文部科学省「幼稚園における学校評価ガイドライン（平成23年改訂）」文部科学省平成23年11月15日
田辺俊介『民主主義の「危機」国際比較調査からみる市民意識』勁草書房,2014
D.W.ウィニコット著／橋本雅雄・大矢泰士 訳『改訳 遊ぶことと現実』岩崎学術出版社,2015
東金市「東金市立保育所・認定こども園自己評価（所・園内研修まとめ）」令和2－5年度
柳沢正史『ニュートン式 超図解 最強に面白い!!　睡眠』ニュートンプレス,2020
記事「寝る子は○○!?」読売KODOMO新聞第659号 読売新聞社,2023年11月16日

**プロフィール**

石井章仁（いしい あきひと）

大妻女子大学家政学部児童学科准教授
大学卒業後、学童保育指導員、保育士を経て、東京家政大学大学院修士課程修了。その後、東京YMCA社会体育・保育専門学校専任教員、城西国際大学福祉総合学部福祉総合学科助教、千葉明徳短期大学保育創造学科教授等を経て現職。
現在、複数の保育所、認定こども園、幼稚園で園内研修を定期的に行っている。令和3年度厚生労働省「地域における保育所・保育士等の在り方に関する検討会」構成員。著書に『エピソードでわかる！ クラス運営に役立つスキル』『見直そう！ 保育現場の「なぞルール」──「あたりまえ」から抜け出せば、子どもはもっとのびのび育つ』（共に、中央法規出版）などがある。

**「にこルール」事例協力園**
睦沢町立睦沢こども園（千葉県）
東金市立第1保育所（千葉県）
東金市立福岡こども園（千葉県）
社会福祉法人風の森　風の子保育園（千葉県市原市）
世田谷区立駒沢保育園（東京都）

# まだまだあるぞ！
# 保育現場の「なぞルール」

根拠のない習慣やルールを見直せば、
保育はもっとよくなる

2024年9月10日　発行

著　　　者　　石井章仁
発　行　者　　荘村明彦
発　行　所　　中央法規出版株式会社
　　　　　　　〒110-0016
　　　　　　　東京都台東区台東3-29-1　中央法規ビル
　　　　　　　Tel 03 (6387) 3196
　　　　　　　https://www.chuohoki.co.jp/

編 集 協 力　　　　こんぺいとぷらねっと
　　　　　　　　　（茂木立みどり　鈴木麻由美）
装幀・本文デザイン　平塚兼右 (PiDEZA Inc.)
カバー・本文イラスト　松本麻希
印刷・製本　　　　　株式会社ルナテック

A119